AF483049

La Punitió arriuée à six

Voleurs du pays Millannois, lesquels auoyent vollé l'Eglise de S. Anthoine, pres de Cremone, le 4. Septembre. Mil six cens dix-huict.

A Paris, chez la veufue du carroy, ou la copie imprimée à Lyon.

LA PVNITION DIVINE

artiuèe à six volleurs du pays du Milanois, lesquels auoient saccagé vne Eglise de sainct Anthoine, proche de Cremone, le quatriesme Septembre, mil six cens dix-huict.

Traduit d'Italien en François.

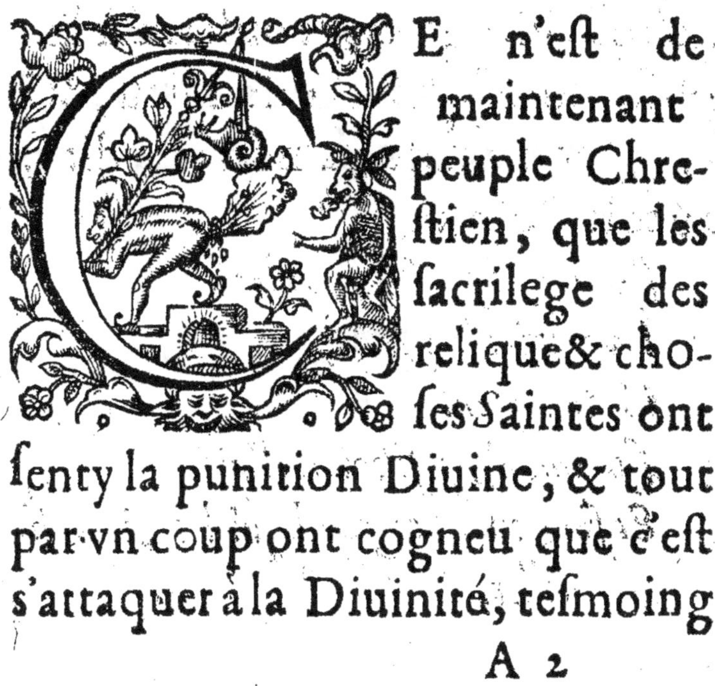

CE n'est de maintenant peuple Chrestien, que les sacrilege des relique & choses Saintes ont senty la punition Diuine, & tout par vn coup ont cogneu que c'est s'attaquer a la Diuinité, tesmoing

à ce l'Escriture saincte, lors que le
Roy poluant les vaisseaux du tem-
ple de Dieu, y faisant boire ces pu-
tains, veit inopinement vne main
celeste escriuant contre la paroy de
la salle l'arrest Diuin, que nul de
ces Magiciens & Astrologues ne
sceurent interpreter, fors le Pro-
phete Daniel : Ceux donc sont
bien miserables qui se veulent
souiller les mains & envahir, ou
desrober ce qui est conserué à l'E-
glise, pour le seruice de Dieu, & à
la veneration des saincts : Et diray
auec le Poëte.

Ceux qui pense esbranler
La nauire flottante,
Ce tourmente
Comme s'y peschoit en l'air,
Et forgent le poignard qui les vient si-
ciller,

Que sert-il d'amasser vn millier de
gens-darmes,
Si contre l'equité l'on veut brandir les
armes.

C'est donc bien pour neant, de
penser prophaner ce qui est dedié
aux Eglises, pour en vser de simenie, ou le vouloir mettre à son profit, les deliquants tost ou tard sentent la iuste punition Diuine,
comme vous pourrez entendre
par ce present discours tres-veritable arriué le quatriesme de Septembre en ceste presente année,
mil six cens dix-huit.

Assez pres de Cremone il y a vn
petit village nommé Casa Forta:
Enuiron vne mousquetade dudict
village, il y a vne residence sous le
vocable de Monsieur S. Anthoine,

ou demeure ordinairement quatre
Religieux de l'ordre, lesquels de
couſtume ancienne, ont cure &
ſoin des paſſans & pauures pelerins
leſquels ils retirent & logent en
leurs dits lieux, leur faiſant part de
ce que Dieu leur donne, imitant a
ce les bons Peres de la primitiue
Egliſe.

Le quatrieſme de Septembre,
mil ſix cens dix-huict, ſix volleurs
ſortant du Milannois, eſtant arri-
uez à Caſa Forta, demande a loger pour vne nuict, leur fut dit par
ceux du lieu qu'ils ſeroyent tres-
bien logez à ſainct Anthoine, &
que les peres Religieux leur ſe-
roient bon traictement, comme
auſſi eſt leur couſtume. Cecy en-
tendu par leſdicts volleurs, ils vin-
drent droit à ceſte reſidence, &

apres auoir demandé à loger (ce
qui leur fut octroyé par lefdits Religieux.) Ils fouperent & fe cou-
cherent, eftans traictez mieux que
il ne leur meritoit, veu lingratitude
& mefchanceté qu'ils firent en a-
pres.

Le lendemain cinquiefme dudit
mois, ces volleurs eftant efueillés
ce confeillerent les vns les autres,
difant que ces Religieux fe por-
toient bien, qu'ils eftoient trop à
leur aize, & qu'ils deuoyent bien
auoir de l'argent : difant qu'il ny
auroit point de mal de les facager.
Cefte malheureufe deliberation
prinfe , fut auffi-toft executée.
Apres s'eftre habillés, ils empoi-
gnerent ces bons Peres Religieux,
& leurs prefentant la bouche de
leurs baftons a feu (couftume aux

volleurs d'en porter en ce lieu) les
manaſſoyent de mort, ſi prompte-
ment ils ne leur dónoyent les clefs
de leurs coffres, buffets, & autres
ſecrets. Ces bons *Peres* leurs re-
monſtroient leur ingratitude, &
comme ils les auoyent logez ſouz
l'ombre de bonne foy, leurs ayant
fait part de ce qu'ils auoient en leur
puiſſance, que donc ils ſe deuoient
contenter, & ne rendre point mal
pour bien.

Toutes ces ſaintes remonſtran-
ces ne ſeruent de rien : car ces im-
pieux n'ont point d'oreilles, ils ou-
ure coffres, buffets, & autres ſecrets, ils ſe ſaiſiſſent du plus beau
& du meilleur, & n'ayant pas trou-
uà grand argent, ils demanderent
la clef de la Sacriſtie. Vn de leurs

compa-

compagnons nommé Octavio de
Malavorta , les supplie ne tou-
cher aux choses sacrées, & se contenter de ce qu'ils ont prins : mais
eux possedez du diable se moc-
que de ces remonstrances, ils en-
trent dans ce lieu sacré, se saisissent
de Croix, Calice, Custode, argent,
& autres Sainctes Reliques , puis
s'en vont. Ces bons Peres les suy-
uent quelques cinquante pas , ils
les supplient au nom de Dieu, &
de monsieur sainct Anthoine, de
leur rendre leur Reliques, mais en
vain, ils desprisent toutes ces sainctes remonstrances , ne pensant
en ce qu'il en arriua en apres. Dieu
iuste juge, ne voulant permettre
vn si detestable & malheureux acte
estre celé, & sans punition, per-

mit que ces malheureux (hors celuy qui n'auoit touché à la Sacri-
ftie) s'entiffent la punition de leur
forfait, & reconuffent à loifir l'in-
jure qu'ils auoyent fait à Monfieur
fainct Anthoine: foudain vn feu
qu'il ne fe voit point , les faifit par
les jambes, tellement que ne pou-
uant paffer outre furent contraints
à inuoquer ceux que n'agueres ils
defprifoient, ils enuoye leur com-
pagnon à ces bons Peres religieux
les fupplians venir prendre leurs
Reliques, lefquels voyant ce miracle loüerent Dieu & Monfieur S.
Anthoine. Tout ce qu'on leur a-
uoit print leur fut rendu, Le Pote-
ftat du lieu aduerty de cecy , vou-
loit faire juftice des delinquans:
mais ces bons Peres fupplierent

pour eux , remonſtrant qu'ils
eſtoient aſſez punis de la Diuinité,
& que pour l'aduenir ils pourroits
faire telle penitence qu'ils pour-
roient ſauuer leurs ames. Ils furent
menez à l'hoſpital de Cremone, on
à taſché de leurs appliquer pluſieurs bons medicaments , mais ſa
eſté en vain , car il leur falut coup-
per a tous cinq les jambes : pluſieurs perſonnes ont eſté les veoir
audit Hoſpital, tellement que ce
miracle eſtant veu de pluſieurs bós
Catholiques Chreſtiens,à de beau-
coup plus augmenté la deuotion
enuers monſieur ſainct Anthoine.

Pour le regard de Octauio de
Malavorta, ayant veu la iuſte punition de ces compagnons , il c'eſt
rendu Hermitte , viuant auſtere-

ment fus le mont Sancta Florida,
rememorant fouuent le beau dire
de monfieur S. Bernard ? O hom-
me aueuglé ! qui és compofé de
chair humaine & d'ame raifonna-
ble, aye fouuenãce de ta miferable
condition : pourquoy fors tu de
toy mefme , & t'amufes aux chofes
extermes , & tendors aux vanitez
de la terre, plongeant aux delices
caducques du monde, ne confide-
rant point, que tant plus tu t'apro-
ches de luy, tant plus tu t'efloigne
de ton Dieu, plus tu penfe gaigner
par dehors, plus tu pers en toy ce
qui eft plus precieux , plus tu és
curieux de chofes temporelles, tãt
plus tu és mendiant des fpirituelles
tu ordonnes tant bien toutes chofes, & tu te condamne toy-mefme,

il ny a animal que tu ne dompte,
& tu demeure fans frain, tu és vigi-
lant par tout, & tu és endormy en
tes propres affaires, les defirs des
chofes baffes boüillonne en ton
cœur, & cependant les celeftes
demeurent efteintes, tu as prins
tant de peine à nourir ce corps, qui
n'eft que vers & pourriture, & tu
laiffes ta pauure ame affamée &
deferte, qui eft l'image de Dieu.
Voyla les contemplations que fait
celuy qui fouloit eftre enclin a mal
faire, Dieu luy face la grace de con-
tinuer en cefte faincte volonté.

Ce miracle nouuellement arriué, deuroit vn peu reueiller l'ef-
prit de ceux qui ne portent aucune
reuerence aux faincts, aufquels
Dieu auoit donné plufieurs puif-

sance en ce monde, & faut croire
que comme ils sont à la beatitude,
au *Royaume Celeste*, ils en ont
encore d'auantage : comme l'on
voit tous les iours l'experience. Et
par leurs intercessions nos prieres
& requestes sont portées deuant
Dieu, & journellement ils prie
pour nous, Ainsi soit-il.

FIN.

www.ingramcontent.com/pod-product-compliance
Lightning Source LLC
LaVergne TN
LVHW051347200726
843510LV00002B/876